大展好書　好書大展
品嘗好書　冠群可期

大展好書　好書大展

品嚐好書　冠群可期

武式太極拳 1

武式太極拳 37式

翟維傳 著

大展出版社有限公司

武式太極拳創始人

武禹襄　祖師

（1812～1880）

第二代宗師　李亦畬

（1832～1892）

第三代宗師　李遜之

（1882～1944）

第四代恩師　魏佩林
（1912～1961）

第四代恩師　姚繼祖
（1917～1998）

作者　翟維傳

李遜之宗師和諸弟子合影於永年

後排左起：姚繼祖　魏佩林　趙允元　劉夢筆
中排左起：趙駿臣　李遜之　前　排：李池蔭

姚继祖赠

雒传贤契惠存

继祖时年八十岁

1996.元月

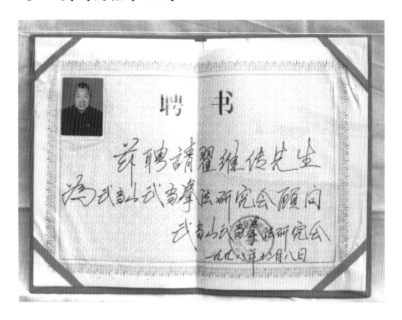

江門市武式太極拳第二期培訓班留影

師兄弟合影

左　起：李劍方　翟維傳　金竟成　鐘振山

翟維傳會長在廣東江門市講授武式太極拳

翟維傳大師攜弟子到正定看望師弟任智需
（河北省武協副主席）

翟維傳大師在廣東江門市收徒時，與弟子合影

翟維傳大師培育未來之星

翟維傳會長帶領邯鄲市部分弟子在廣府練功

翟維傳大師帶弟子在武禹襄故居練功

翟維傳大師在江門市新會區授拳

作者簡介

　　翟維傳先生，是武式太極拳第五代傳人，太極拳大師，1942年出生於太極拳中興發祥地——河北省永年縣廣府鎮。

　　翟先生為當代武式太極拳代表人物之一，現任邯鄲市武術協會榮譽主席，邯鄲市武式太極拳學會會長，永年縣太極拳協會副主席，永年縣維傳武式太極拳研究會長等職。

　　翟先生自幼學拳，先後拜武式太極拳第四代傳人魏佩林、姚繼祖二位宗師門下，盡得二位宗師真傳，五十年研究不輟，拳架、器械渾厚工整，尤善打手，著作頗豐，授徒甚眾。

　　翟先生參加了國家對《武式太極拳競賽套路》的編排工作，先後出版了《武式太極拳系列教學光碟》一套（十一碟）和《武式太極拳術》等書。

前　言

　　武式太極拳37式是在傳統武式太極拳老架（108式）的基礎上，為適應當前全民健身運動的需要，本著少而精的原則創編的。這套拳解決了傳統套路參加比賽、表演的時間問題。該套路由37個式法組成，演練一套約用時6分鐘。

　　其特點主要表現為：架式緊湊精細，動作圓活連貫，虛實分明，內外相合，特別注重意氣的配合，在健身、養生、防身、醫病上都有很大的收效。

　　此套路同時又是內功小架的開展架，是老架與小架的一個中間架，為以後練習高層次的武式太極拳小架起到了承上啟下的作用。

　　就在此書的整理過程中，河北省邯鄲市武術協會聘任我為邯鄲市武術協會榮譽主席，同時，北京人民體育音像出版社孫劍斌社長打來電話：受國家

武協委託，經總社研究，太極拳五大流派重新拍攝一套教學光碟，由我代表武式太極拳參加拍攝。

我想這不僅僅是我本人的榮譽，榮譽應該是恩師的，也是武式太極拳的，更是太極之鄉——永年的。

為《傳統武式太極拳叢書》的出版付出辛勤勞動的人很多，在此表示深深的感謝和崇高的敬意。

翟維傳

目　錄

一、武式太極拳 37 式 概述

　　武式太極拳 37 式，是為了適應當前全民健身運動，以及參加比賽、表演的需要，作者與恩師姚繼祖先生共同編排的，這也是恩師在晚年對武式太極拳繼承和發展的又一貢獻。

　　武式太極拳 37 式，要求用時 5～6 分鐘，除保留了傳統武式太極拳 108 式的要求與特點外，本著少而精的原則，去掉了一些繁瑣和重複的動作，融入了一些新的功法和練法。

　　透過筆者這幾年在全國各地的傳播，大家一致認為該套路架式圓活緊湊，身體鬆柔合度，意氣內外相合，氣感強，上功快，很適合當前全民健身運動的需要，同時也克服了傳統套路參加比賽的時間限制問題。

　　武式太極拳 37 式亦是武式太極拳小架的過渡套路。因太極拳要求「先求開展、後求緊湊」，亦即由大圈到小圈，由小圈到微圈，所以武式太極拳 37 式是為將來練習武式太極拳小架不可或缺的套

路。

　　願武式太極拳 37 式能使更多的太極拳愛好者得到健康與快樂。

二、武式太極拳的手型、步型與身法

（一）手　型

1.掌：

武式太極拳掌的形狀是「荷葉掌」，如圖2－1所示。要求五指自然分開，不可用力，具體的校

圖2－1

準以前額為準，手掌放在前額上，慢慢離開，即為手的掌型。

　　動作要與開合相配合。「開」是以小指向外旋，手腕隨小指外旋，要求做到坐腕，意念要行於五指，經過長期演練手心會產生脹熱感。「合」是以小指向內旋，手腕隨小指內旋，手掌要有內合之意，手心有意氣內收之感。

　　在套路中的掌法有：推掌（圖2－2），攦掌（圖2－3），撩掌（圖2－4），劈掌（圖2－5），切掌（圖2－6），托掌（圖2－7），按掌（圖2－8）等。

圖2－2

圖2－3

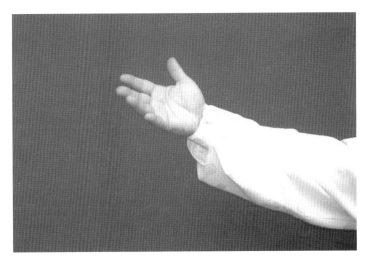

圖2－4

圖2－5

圖2－6

圖2－7

圖2－8

2.拳:

武式太極拳的握拳形式,是以四指併攏蜷曲,指尖貼於掌心,拇指捲曲於食指與中指上節成拳形,不宜握得過緊,避免手臂僵滯。

拳中的勢法有:搬攔捶、肘底捶、指襠捶、雙抱捶、彎在套路弓射虎、踐步栽捶等。

(二)步 型

武式太極拳的步型主要有虛步、實步、跟步、弓步、跌步、踐步、仆步、獨立步等。

1.虛 步:

虛步有前虛步與後虛步。身體重心坐於一條腿上,沒有承擔身體重量的一條腿為虛腿,亦稱虛步。在實腿前為前虛步(如圖2-9),在實腿後為後虛步。虛非全然無力,氣勢要有騰挪。

2.實 步:

承擔身體重量之腿為實腿,亦稱實步。要求實腿不要占煞,精神要貫注(如圖2-10)。

圖2－9

圖2－10

3.跟　步：

重心前移，後足提起向前虛點至前足後方，為跟步（如圖2－11）。

圖2－11

4.弓　步：

前腿屈膝前弓，膝蓋不得超過足尖，後腿不得繃直，膝關節要有沉屈之意，要求兩足的方向為不丁不八（如圖2－12）。

5.跌　步：

一腿下落，另一腿上跳，下落之足落在上跳之足處，上跳之足向後撤步，此為跌步（圖2－13、圖2－14）。

6.踐　步：

前腿向前邁步，後腿前跟步落於前足之處，前足向前躍進，此為踐步（圖2－15、圖2－16）。

圖2－12

圖2－13

圖2－14

圖2－15　　　　　　　　圖2－16

7.仆　步：

一腿屈膝下蹲，另一腿伸直，足尖內扣，不可上翹，身體略有前俯，此為仆步（如圖2－17）。

圖2－17

8.獨立步：

實腿微屈站立，虛腿提起，要求胯與膝平，此為獨立步（如圖2－18）。

圖2－18

（三）身　法

武式太極拳身法是習拳者必須首先理解和應該做到的，沒有正確的身法是無法練好太極拳的。

武式太極拳身法要求有含胸，拔背、提頂、吊襠、鬆肩、沉肘、裹襠、護肫、騰挪、閃戰、尾閭正中、氣沉丹田、虛實分清等十三條，下面分別述之。

1.含　胸：

兩臂關節鬆開，胸不可挺，兩肩微向前合，胸有內含之意，但不可前俯。

2.拔　背：

兩肩關節要靈活，背骨似有上脹、鼓起之意，不可低頭。

3.提　頂：

精神集中，意向上虛領頂勁，自然地提領全身，頭不可低，身不可前俯後仰。

4.吊　襠：

兩腿虛實分清，襠如吊空一樣，臀部有前送之意，小腹有上翻之意。

5.鬆　肩：

兩肩要自然鬆開，不可上縱，不可用力，兩肩要自然下垂。

6.沉　肘：

兩肘尖要自然下沉，使肩、肘、手腕都能靈活運動。

7.裹　襠：

兩腿分清虛實，兩膝有內向之意。

8. 護　肫：

兩手各護半胸，兩脅有微微內收之意，使胸中感覺鬆快。

9. 騰　挪：

虛實變化自如，進退能隨機應變，有動之意而未動，即預動之勢。

10. 閃　戰：

動作一氣貫通，身體旋轉靈活，發勁迅猛，所向無敵。

11. 尾閭正中：

頭向上虛領頂勁，尾閭骨向前托起丹田，身不前俯後仰，左偏右倚，百會穴和會陰穴上下自然垂直。

12. 氣沉丹田：

能做到以上之身法，就能以意行氣，氣能順通自然地注入丹田，使底盤穩固。

13.虛實分清：

　　兩腿虛實必須分清，虛不是完全無力，實不是完全站煞，精氣神要貫注於實腿，有上領之意，身法不可散亂。

　　此十三條身法相輔相成，互相影響，互相滲透，對於習練太極拳至關重要。

　　做到了尾閭正中，便能夠「立如秤準，活似車輪」，全身輕鬆自如，才能支撐八面。所以在練太極拳時脊要豎起來，有了穩定的軸心，才能坐胯轉腰，才能靈活地變化，才能靈活地運用。鬆肩沉肘，兩肩自然下垂，使肩、肘和手腕都能靈活運動，兩臂關節鬆開，胸有內含之意，兩膝內向，有護襠之意，兩手各護半胸，有護肫之意，這就做到了含胸、拔背、裹襠、護肫。

　　能做到尾閭正中，鬆肩、沉肘，百會穴和會陰穴上下自然垂直，意能向上虛領頂勁，自然地提領全身，也就能立身正中，也就有了穩定的重心，重心在四肢的配合下，在不斷變化的運動中，完成了每一個太極拳的動作，同時氣能順通地自然地注入丹田而下達於兩腳，兩腳能著地生根，使底盤穩固。

　　每一動作，虛實應分清，不可雙重，如虛實

分不清，動作就不能一氣貫通，必致散亂。身法正確，身體就能旋轉靈活，八面支撐得力，也就能做到騰挪閃戰，而達到得機得勢的目的。

　　在注重十三條身法的同時應注重身體的外三合和內三合。外三合指手與腳合、肘與膝合、肩與胯合。內三合指神與意合，意與氣合，氣與力合。內三合指看不見的東西，只有久練，功夫到了一定的程度才能體會到。

三、武式太極拳37式
名稱順序

第一式　　起　勢

第二式　　左右懶紮衣

第三式　　單　鞭

第四式　　提手上勢

第五式　　白鵝亮翅

第六式　　左右摟膝拗步

第七式　　上步搬攔捶

第八式　　如封似閉

第九式　　抱虎推山

第十式　　左右野馬分鬃

第十一式　　左右玉女穿梭

第十二式　　開合式

第十三式　　雲　手

第十四式　　高探馬

第十五式　　對心掌

第十六式　　手揮琵琶式

第十七式　　按　式

四、武式太極拳37式
套路圖解及要領

第一式　起　勢

動作一：

面向正南，兩腿併攏自然直立，全身放鬆，兩臂自然下垂至身體兩側，手心向內，手指向下，兩眼向前平視，神情安舒（圖4-1）。

圖4-1

圖4－2

動作二：

承前式，左腿抬起，向左方橫步落實，兩足相距與肩同寬，全身放鬆，兩眼向前平視（圖4－2）。

圖4－3

動作三：

承前式，兩手和臂作內旋，兩手向前上徐徐平舉，略與肩平，兩手心向斜上方，目視前方（圖4－3）。

動作四：

承前式，兩手外旋，手心向下，兩肘微屈下沉，兩手徐徐下按，至兩胯前與腰平齊，手心向下，指尖朝前，同時兩腿微屈坐勢（圖4－4）。

【要　領】

兩腿站立時要做到體態自然安舒，提起精神，排除雜念，頭宜正直，頷微內收，虛領頂勁，兩肩鬆開，氣向下沉，並做到含胸、拔背、裹襠、護肫、尾閭正中等身法。

圖4－4

第二式　左右懶紮衣

圖4－5

圖4－6

動作一：

　　承前式，腰微向右轉，身體重心移至右腿，兩手弧形向右後攦帶，同時，左足跟微提，左腿有抬起之意（圖4－5）。

動作二：

　　承前式，左腿向東南方邁步，以足跟著地，足趾上翹，兩腿為右實左虛；同時兩臂弧形向上掤起，左手高不過眼，遠不過前足尖，右手至胸前與左肘平齊，面向東南，目視前方（圖4－6）。

動作三：

承前式，右足跟蹬地，左腿前弓，左足掌落平，身體前移；同時兩手坐腕豎掌外旋，向前推出，目視兩手前方（圖4－7）。

圖4－7

動作四：

承前式，身體向下鬆沉，意氣貫注於前足；同時兩手弧形向下沉帶，目視身體前方（圖4－8）。

圖4－8

圖4－9

動作五：

承前式，右足向前跟步至左足右後方，以足尖點地，兩腿為左實右虛；同時兩手弧形向上內合至胸前與肩平，目視兩手前方（圖4－9）。

圖4－10

動作六：

承前式，以左足跟為軸，足尖裡扣，身體轉向西南，兩腿仍為左實右虛；同時，兩手隨身體轉動，內合至胸前，右手在前，左手至胸前與右肘平齊，目視右手前方（圖4－10）。

動作七：

承前式，兩手劃弧向下後攦帶，繼續弧形向上掤至胸前；同時，身體向下鬆沉，意氣貫注於實腿，右腿向西南方邁出，以足跟著地，足趾上翹，面向西南方（圖4－11）。

圖4－11

動作八：

承前式，左足跟蹬地，右腿前弓，右足掌落平，身體前移；同時，兩手坐腕豎掌外旋徐徐向前推出，目視兩手前方（圖4－12）。

圖4－12

圖4－13

圖4－14

動作九：

承前式，身體向下鬆沉，意氣貫注於前足；同時，兩手弧形向下沉帶，目視身體前方（圖4－13）。

動作十：

承前式，左足向前跟步，至右足左後方，以足尖點地，兩腿為右實左虛；同時，兩手弧形向上，內合至胸前與肩平，目視兩手前方（圖4－14）。

【要　領】

懶紮衣是武式太極拳之母式，各種姿勢都來自於懶紮衣的變化。要求在運動時，兩腿要分清虛實，身體不可偏倚。兩手上掤時要有吸引對方來勢之意，還要

有提領腿足的邁步之意。兩手內合時，兩肩要有抽吸之意，要以胸部指揮兩手的運動，胸臂之間要有圓活之趣。跟步時上下要協調相隨，做到鬆柔、圓活、勁整，保持各項身法要求。

第三式　單　鞭

動作一：

承前式，以右足跟為軸，足尖裡扣，腰向左轉至面向正南；同時，兩手內合抱於胸前，兩腿仍為右實左虛，目視兩手前方（圖4－15）。

圖4－15

圖4－16

圖4－17

動作二：

承前式，腰微向右轉，身體向下鬆沉，意氣貫注於右實腿，左腿向左橫出一步，以足跟著地，足趾上翹；同時，兩手隨身轉向右黏帶，目視兩手前方（圖4－16）。

動作三：

承前式，右足跟蹬地左腿前弓，左足掌落平，腰微向左轉，至面向東南；同時，兩手徐徐左右分開，左手豎掌外旋，高不過眼，右手斜掌外旋與肩相平，目視左手前方（圖4－17）。

【要　領】

轉動身體時須保持穩定。邁左步時右腿要

精神貫注，右足蹬地前要有蓄勁之勢，身體須保持中正，同時，要注重鬆肩、沉肘、含胸、拔背、氣沉丹田等身法。

第四式　提手上勢

動作：

以左足跟為軸，左足尖裡扣，腰向右轉，轉至面向西南，右足左移，提懸於左足旁，以足尖點地；同時，左手從身體左側劃弧至頭上左前側，右手弧形下落至右胯前，手心向右胯處，目視西南前方（圖4－18）。

【要　領】

左手上舉時，左肩不可隨之上聳而要往下鬆沉。右手向下不可有丟塌之勢，注意上下協調一致，身法不可散亂。

圖4－18

第五式 白鵝亮翅

圖4-19

動作一：

承前式，右腿向西南方邁步，以足跟著地，足趾上翹，兩腿仍為左實右虛；同時右手從右胯前上掤至面前，左手由右小臂內弧形下落至胸前，目視兩手前方（圖4-19）。

圖4-20

動作二：

承前式，左足跟蹬地，右腿前弓，右足掌落平，身體前移；同時，右手外旋弧形上掤，至額上前方，左手由胸前外旋，向前下方推按，目視左手前方（圖4-20）。

動作三：

承前式，身體向下鬆沉，意氣貫注於右實腿；同時，兩手隨鬆沉向下弧形沉帶，目視兩手前方（圖4－21）。

動作四：

承前式，左足向前跟步，至右足左後方，以足尖點地，兩腿為右實左虛；同時，兩手弧形向上內合至胸前，與肩相平，目視兩手前方（圖4－22）。

圖4－21

【要　領】

右手上掤時，胸肩要有下沉之意，要注重鬆肩、沉肘。左手推出時，右手不可鬆懈丟塌，兩手要配合密切，一氣貫穿，身體要保持中正。

圖4－22

第六式　左右摟膝拗步

動作一：

承前式，以右足跟為軸，右足尖裡扣，腰向左轉至面向正東；同時，左手外旋弧形向左下至腹前，掌心向下，右手內合至右額旁，目視正東方（圖4－23）。

圖4－23

動作二：

承前式，身體向下鬆沉，意氣貫注於右實腿，左腿向東北方邁步，以足跟著地，足趾上翹，目視正東前方（圖4－24）。

圖4－24

動作三：

承前式，右足跟蹬地，左腿前弓，左足掌落平，身體前移；同時，左手外旋弧形向左下方摟至左膝外側，手心向下，右手經胸前豎掌外旋向前推出，手高不過眼，遠不過前足尖，目視右手前方（圖4－25）。

圖4－25

動作四：

承前式，右足前跟，至左足右後方，以足尖點地，兩腿為左實右虛；同時兩手要有內合之意，目視正東前方（圖4－26）。

圖4－26

圖4－27

動作五：

承前式，右腿向東南方邁步，以足跟著地，足趾上翹；同時，右手劃弧向右下方摟帶，左手內合弧形向上至左耳旁，目視正東前方（圖4－27）。

圖4－28

動作六：

承前式，左足跟蹬地，右腿前弓，右足掌落平，身體前移；同時，右手弧形向右摟帶，至右膝外側，左手外旋豎掌經胸前向前推出，目視左手前方（圖4－28）。

動作七：

承前式，左足向前跟步，到右足左後方，以足尖點地；同時，兩手內旋有內合之意，目視左手前方（圖4－29）。

【要　領】

轉身時要以目光領先。在用手摟帶時，手與肩左右要相吸相繫，有引蓄之勢。手向前推出時手掌要有沉著之意，跟步時周身要有收合之意。

圖4－29

第七式　上步搬攔捶

圖4－30

動作一：

承前式，左腿後撤半步，身體後移，重心坐於左腿，腰微向左轉，右腿後帶以足尖點地；同時，兩手劃弧向胸前擟帶，至小腹前，目視右手前方（圖4－30）。

圖4－31

動作二：

承前式，兩手繼續向下後擟帶，弧形向上掤起，右手變拳旋腕向右搬帶，左手至右小臂內側，有向前攔擋之意；同時，右腿向前邁步落實，左腿變虛步，有向前邁步之意，目視正東前方（圖4－31）。

動作三：

承前式：左腿向前
邁步，以足跟著地，足
趾上翹；同時左手豎掌
外旋向前攔擋，右手握
拳內合至腰際，目視左
手前方（圖4－32）。

圖4－32

動作四：

承前式，右足跟蹬
地，左腿前弓，左足掌
落平，身體前移，腰微
向左轉；同時，右手握
拳外旋向前出擊，至左
手腕上方，拳眼向上，
目視右拳前方（圖4－
33）。

圖4－33

動作五：

承前式，右足向前跟步，至左足右後方，以
足尖點地；同時，周身有內合之意，目視正東前方
（圖4－34）。

【要　領】

兩手回攦要做到圓活之趣。左手前伸要有提領
左足邁步之意，右手擊拳時，右肘要有沉著之意，
同時要注意虛實和折疊轉換。

圖4－34

第八式　如封似閉

動作一：

承前式，右腿向後退半步後坐，左足收回至右足左前方，以足尖點地，兩腿為右實左虛；同時，右手拳變掌從左手臂上回帶，兩手心向下，有下按之意，目視正東前方（圖4－35）。

圖4－35

動作二：

承前式，右足跟蹬地，左腿向前邁步前弓；同時，兩手外旋豎掌向前搓推，目視兩手前方（圖4－36）。

圖4－36

動作三：

承前式，右足向前跟步，至左足右後方，以足尖點地，兩腿為左實右虛；同時兩手有內合之意，目視正東前方（圖4－37）。

【要　領】

退步時，身體要保持穩定，兩臂要注意沉肘。邁步前，實腿要做到鬆沉，精神貫注。邁步時有如履薄冰之意，兩手向前搓推時要有沉著之意，要做到鬆肩、沉肘、氣沉丹田等身法。

圖4－37

第九式　抱虎推山

動作一：

承前式，右足向左後方退步，以左足跟為軸，足尖裡扣，腰向右轉至面向正西；同時，右手向右後劃弧，隨身轉握拳至右胯前，左手內合弧形至左耳旁，面向正西方（圖4－38）。

圖4－38

動作二：

承前式，右腿向西北方邁步前弓；同時，右手握拳繼續向內劃弧至腹前外撐，左手隨身轉豎掌外旋，向前推出，目視兩手前方（圖4－39）。

圖4－39

動作三：

承前式，腰向右轉至面向西北，左足向前跟步，至右足左後方，以足尖點地；同時，兩手對拉劃弧成抱球狀，右手變掌在上，左手在下，目視正西前方（圖4－40）。

【要　領】

身體向後轉動時，要保持穩定。兩手運動要有引化之意，全身上下要協調相隨。右手抱虎之勢要飽滿，左手前推要沉著，跟步時周身要有收合之意。

圖4－40

第十式　左右野馬分鬃

動作一：

　　承前式，身體鬆沉，右實腿精神貫注，左腿向西南方邁步，以足跟著地，足尖上翹；同時右手向左，左手向右，有內合之意，目視西南前方（圖4－41）。

圖4－41

動作二：

　　承前式，右足跟蹬地，左腿前弓，左足掌落平，腰微向左轉，身體前移；同時，右手外旋向右下劃弧下攦至右胯前，左手內合向左前上方撩起，高不過眼，目視左手前方（圖4－42）。

圖4－42

圖4－43

動作三：

承前式，腰微向左轉，右足向前跟步至左足右後方，以足尖點地；同時兩手劃弧抱球至胸前，左手在上，右手在下，目視正西前方（圖4－43）。

圖4－44

動作四：

身體鬆沉，左實腿精神貫注，右腿向西北方邁步，以足跟著地，足趾上翹；同時，左手向右前攔接，右手弧形向左上有內合之意，目視兩手前方（圖4－44）。

動作五：

　　承前式，左足跟蹬地，右腿前弓，右足掌落平，腰向右微轉，身體前移；同時，左手外旋，向左下方弧形攦帶，右手內合向右前上方撩起，高不過眼，目視右手前方（圖4－45）。

動作六：

　　承前式，腰微向右轉，左足向前跟步，至右足左後方，以足尖點地；同時，兩手劃弧抱球至胸前，右手在上，左手在下，目視正西前方（圖4－46）。

【要　領】

　　上步時身體要沉穩，兩手動作要有圓活之趣，身體上下要協調

圖4－45

圖4－46

一致，要注意兩手的陰陽變化和折疊轉換，保持好各條身法。

第十一式　左右玉女穿梭

動作一：

承前式，身體向下鬆沉，右實腿精神貫注；同時，左手向左上方掤起至面前，右手內合至胸前，目視兩手前方（圖4－47）。

圖4－47

動作二：

承前式，右足跟蹬地，左腿前弓，左足掌落平，腰微向左轉，身體前移；同時，左手繼續向上掤起至額前，右手豎掌外旋前推，與左手上下相齊，目視兩前方（圖4－48）。

圖4－48

動作三：

　　承前式，腰微向左轉，右足向前跟步至左足右後方，以足尖點地；同時，兩手內合劃弧抱球至胸前，左手在上，右手在下，目視兩手前方（圖4－49）。

圖4－49

動作四：

　　承前式，身體向下鬆沉，左實腿精神貫注，右腿向西北方邁步，以足跟著地，足趾上翹；同時，右手向右上方掤起至面前，左手內合至胸前，目視西北前方（圖4－50）。

圖4－50

圖4－51

動作五：

承前式，左足跟蹬地，右腿前弓，右足掌落平，腰微右轉，身體前移；同時右手繼續上掤至額上前方，左手豎掌外旋從胸前向前推出，與右手上下相齊，目視兩手前方（圖4－51）。

動作六：

承前式，腰微向右轉，左足向前跟步，至右足左後方，以足尖點地；同時，兩手有內合之意，目視兩手前方（圖4－52）。

【要　領】

運動時步法變換要穩，身體的折疊轉換與兩手運動要相吸相繫，要注意含胸、拔背、鬆

圖4－52

肩、沉肘、氣沉丹田、尾閭正中之身法。

第十二式　開合式

動作一：

承前式，左腿退半步後坐，重心移至左腿，右腿向後撤步，以足尖點地；同時，兩手弧形向下後攦帶至兩胯前，手心向下，目視兩手前方（圖4－53）。

圖4－53

動作二：

承前式，右腿向前邁步，以足跟著地，足趾上翹，同時身體向下鬆沉，左實腿精神貫注；兩手外開弧形上提至胸兩側，目視兩前方（圖4－54）。

圖4－54

動作三：

承前式，左足跟蹬地，右腿前弓，右足掌落平，身體前移；同時兩手弧形向前合去，左足向前跟步至右足左後方，以足尖點地，目視兩手前方（圖4－55）。

【要　領】

注意有上即有下，有前即有後的動作配合。兩手向下時，身體、精神要有上升之意。兩手前合時，命門意念要後撐，動作要圓活有趣。

圖4－55

第十三式　雲　手

動作一：

承前式，以右足跟為軸，足尖裡扣，身體轉到面向正南；同時，左手內合弧形向左掤帶，右手劃弧下落至右胯前，手心向內，目視左手前方（圖4－56）。

圖4－56

動作二：

承前式，腰微向右轉，右實腿精神貫注，左腿有上提之意；同時右手內合劃弧經胸前向上掤帶，左手外旋向左下至左胯前，手心向下，目視右手前方（圖4－57）。

圖4－57

圖4－58

動作三：

承前式，腰微向左轉，左腿向左方橫出一步，以足跟著地，足趾上翹；同時左手內合劃弧經胸前向上掤帶至面前，右手外旋向右下劃弧，目視左手前方（圖4－58）。

圖4－59

動作四：

承前式，右足跟蹬地，左腿前弓，左足掌落平，身體左移；同時左手外旋豎掌，向東南方推出，高不過眼，遠不過腳，右手內合劃弧向下左至襠前，目視左手前方（圖4－59）。

動作五：

承前式，以左足跟為軸，足尖裡扣，身體右轉至面向西南，右足跟撤至左足右前方，以足跟著地，足趾上翹；同時右手內合經胸前劃弧向上至面前，左手向左下劃弧至胯前，手心向下，目視右手前方（圖4－60）。

圖4－60

動作六：

承前式，左足跟蹬地，右腿前弓，右足掌落平；同時右手外旋豎掌前推，左手內合向右弧形至襠前，目視右手前方（圖4－61）。

圖4－61

圖4－62

動作七：

承前式，以右足跟為軸，足尖裡扣，身體左轉至面向東南，左腿有上提之意；同時，左手內合經胸前劃弧至面前，右手外旋劃弧向下至右胯旁，目視左手前方（圖4－62）。

圖4－63

動作八：

承前式，身體向下鬆沉，右腿精神貫注，左腿向左邁出一步前弓；同時左手外旋豎掌前推，右手內合弧形向左至襠前，目視左手前方（圖4－63）。

動作九：

與雲手動作五相同，要領也相同（圖4－64）。

圖4－64

動作十：

與雲手動作六相同，要領也相同（圖4－65）。

圖4－65

圖4－66

動作十一：

　　與雲手動作七相同，要領也相同（圖4－66）。

動作十二：

　　與雲手動作八相同，要領也相同（圖4－67）。

圖4－67

【要　領】

　　兩手動作要協調配合，要做到圓活有趣，要做到上下相隨，要注意身體的鬆沉轉換，並做到提頂、吊襠、含胸、拔背、尾閭正中等身法。

第十四式　高探馬

動作一：

承前式，腰向左微轉，右腿跟步至左足右方，以足尖點地，同時兩手內合，面向正南（圖4－68）。

圖4－68

動作二：

承前式，身體向下鬆沉，精神貫注於左實腿，右腿向前邁步，以足跟著地，足趾上翹；同時，右手內合向上掤托，左手內合沉肘，旋腕，目視右手前方（圖4－69）。

圖4－69

圖4－70

圖4－71

動作三：

承前式，左足跟蹬地，右腿前弓，右足掌落平，身體前移；同時，右手內旋向前掤托，左手外旋豎掌坐腕，從胸前推出，目視左手前方（圖4－70）。

動作四：

承前式，身體後移，重心坐至左腿；同時，左手內合向前劃弧向後拉帶，右手外旋上掤豎掌前推，目視右手前方（圖4－71）。

【要　領】

右手掤托要有向上之意，左手前推要有下沉之意，兩手前後要有對拉之意，要注意周身的折疊轉換及陰陽互變，保持各條身法。

第十五式　對心掌

動作一：

承前式，左足跟蹬地，右腿前弓，右足尖裡扣，腰向左轉至面向正東；同時，右手內合隨身轉向左，攔帶至胸前，左手內合弧形至腹前，目視正東前方（圖4－72）。

圖4－72

動作二：

承前式，身體向下鬆沉，精神貫注於右實腿，左腿向前邁步前弓；同時，左手繼續向上掤架至額上前方，右手外旋豎掌前推與左手上下相齊，目視兩手前方（圖4－73）。

圖4－73

動作三：

承前式，右足向前跟步，至左足右後方，以足尖點地，兩腿為左實右虛；同時身體鬆沉，兩手有內合之意，目視兩手前方（圖4－74）。

【要　領】

兩手的運動與身體要配合妥當，要注意引、蓄、發的配合和鬆肩、沉肘、氣沉丹田、尾閭正中等身法，上下要貫穿一氣。

圖4－74

第十六式　手揮琵琶式

動作：

承前式，右腿向後撤半步，身體後移，重心坐於右腿，腰微向右轉，左腿微後撤以足尖點地；同時，兩手內合於胸前，左手向下擺帶與肩平齊，右手內合劃弧至小腹前，目視兩手前方（圖4－75）。

【要　領】

右實腿要精神貫注，要注意步法的虛實變換和兩手與身體的折疊轉換。兩手的合力要配合得當。

圖4－75

第十七式　按　式

圖4－76

圖4－77

動作一：

承前式，腰微向右轉，同時右手內合劃弧上掤至右肩前，左手內合劃弧向右向下摟帶，目視正東前方（圖4－76）。

動作二：

承前式，右手繼續向下外旋坐腕下按至小腹前，左手外旋弧形外撥至左膝外側；同時右腿下蹲，身體微向前俯，但頭不可低，目視前下方（圖4－77）。

【要　領】

右腿下蹲必須精神貫注，身體前俯但不可前衝，胸背必須鬆沉，目光不可俯視地面，上下要協調一致。

第十八式　青龍出水

動作一：

　　承前式，身體直起，右手從下向上掤起至右額前，左手內合提至胸前，目視左手前方（圖4－78）。

圖4－78

動作二：

　　承前式，身體向下鬆沉，精神貫注右實腿，左腿向前邁步前弓；同時右手外旋向上掤架，左手外旋豎掌從胸前推出，目視左手前方（圖4－79）。

圖4－79

動作三：

承前式，身體後移，重心坐於右腿；同時右手內合劃弧向前向後下攦帶，左手內合劃弧回收後豎掌外旋從胸前推出，目視左手前方（圖4－80）。

【要　領】

身體直起時要保持身體的穩定，右手上掤時右肩往下鬆沉，左手前推要有沉著之意，周身上下要協調相隨，保持好各條身法。

圖4－80

第十九式　左右更雞獨立

動作一：

承前式，右足跟蹬地，左足掌落平前弓，身體前移，重心移至左腿，右腿上提至膝與胯平；同時左手下按至左胯前，右手外旋豎掌向上至面前，掌心向內前方，目視右手前方（圖4－81）。

動作二：

承前式，右腿下落站穩，氣向下沉，精神貫注於右實腿，左腿上提到膝與胯平；同時右手外旋下按至右胯前，左手內合向上至面前，目視左手前方（圖4－82）。

圖4－81

圖4－82

【要　領】

實腿要精神貫注，

提腿時足面要有纏勁之意，身體要八面支撐，不可偏倚，上下要配合一致，要注意有上即有下的內勁運化。

第二十式　左右封肘式

動作一：

　承前式，左腿下落後撤，以足尖點地；同時左手弧形下落至胸前，右手上提至腹前，面向正東，目視兩手前方（圖4－83）。

圖4－83

動作二：

　承前式，身體後移，重心坐於左腿，右腿向後撤步，以足尖點地；同時兩手弧形向上引帶至面前左側，目視兩手前方（圖4－84）。

圖4－84

動作三：

　　承前式，左足跟蹬地，右腿向東南方上步前弓；同時兩手內合弧形向下、向前從胸前推出，右手平掌外旋，左手豎掌外旋於右小臂內側，目視兩手前方（圖4－85）。

圖4－85

動作四：

　　承前式，身體後移，重心坐於左腿，右腿後撤至左足右前方，以足尖點地；同時兩手弧形向下內攦帶，目視東南前方（圖4－86）。

圖4－86

圖4－87

圖4－88

動作五：

承前式，右腿後撤一步至左足右後方落實，重心移至右腿，左腿向後帶步，以足尖點地；同時右手外旋左手內合，同時向右上方引帶，目視兩手前方（圖4－87）。

動作六：

承前式，右足跟蹬地，左腿向東北方上步前弓；同時兩手劃弧向後經面前向下從胸前推出，左手平掌外旋，右手豎掌外旋於左小臂內側，目視兩手前方（圖4－88）。

【要　領】

實腿要精神貫注，虛腿要有上提之意，兩手運動要圓活，要做到

上下相隨，身法不可散亂。

第二十一式　左右撈月式

動作一：

承前式，身體後移，重心坐於右腿，左腿後帶，以足尖點地；同時兩手弧形向下後攦帶至腹前，目視兩手前方（圖4－89）。

圖4－89

動作二：

承前式，左腿向後撤步至右足左後方坐實，右腿向後帶步，以足尖點地；同時左手內合，右手外旋向左後攦帶，目視兩手前方（圖4－90）。

圖4－90

圖4－91

動作三：

承前式，左足跟蹬地，右腿向東南方邁步前弓；同時兩手劃弧向後向上經胸前豎掌外旋向前推出，目視兩手前方（圖4－91）。

圖4－92

動作四：

承前式，身體後移，重心坐於左腿，右腿向後帶步，以足尖點地；同時兩手內合向下弧形攦帶，目視兩手前方（圖4－92）。

動作五：

承前式，右腿向後撤步至左足右後方坐實，左腿向後帶步，以足尖點地；同時兩手劃弧向下後向上掤起，目視兩手前方（圖4－93）。

動作六：

承前式，右足跟蹬地，左腿向東北方邁步前弓；同時兩手劃弧上掤經胸前豎掌外旋前推，目視兩手前方（圖4－94）。

圖4－93

【要　領】

兩手運動要有圓活之趣，周身運動要協調一致，要做到內外相合，勁整渾圓，要注重尾閭正中，氣沉丹田，鬆肩沉肘，含胸拔背等身法。

圖4－94

第二十二式　下　勢

動作：

承前式，身體後移，重心坐於右腿，腰向右轉至面向正東，左腿向後帶步，以足尖點地；同時右手向下劃弧至右後上方，豎掌外旋，左手向下劃弧至襠前，手心向下，目視左手前方（圖4－95）。

【要　領】

退步要穩，兩手運動要圓活協調，要保持好各條身法。

圖4－95

第二十三式　上步七星

動作一：

承前式，右足跟蹬地，左腿向前邁步前弓，重心移於左腿；同時左手弧形向上掤架，右手內合劃弧向下至右胯外側，目視左手前方（圖4－96）。

動作二：

承前式，腰微向左轉，精神貫注於左腿，右腿向前邁步至左足右前方，以足尖點地；同時右手內合劃弧向上握拳至胸前，左手握拳內合至右拳內側，兩拳交叉於胸前，目視兩拳前方（圖4－97）。

圖4－96

圖4－97

【要　領】

兩手與兩腿要協調

配合，身體不可前俯後仰，兩臂於胸前要撐圓，注意做到有前即有後的功法，身法不可散亂。

第二十四式　退步跨虎

動作：

承前式，右腿向後撤步至左腿右後方坐實，精神貫注於右實腿，左腿向後微帶，以足尖點地；同時右手向上外旋至右額前，左手外旋向下至左胯前，目視正東前方（圖4－98）。

【要　領】

右腿退步要穩，落實後要精神貫注，向下鬆沉，上下要協調相隨，要做到尾閭正中、鬆腹、鬆肩、沉肘等身法。

圖4－98

第二十五式　伏虎式

動作一：

　　承前式，腰向左轉，右胯前送後向後拉帶，重心落於右腿；同時右手劃弧向前向後攦帶至腹前，左手內合弧形向上，經胸前豎掌外旋前推，目視左手前方（圖4－99）。

動作二：

　　承前式，右足跟蹬地，左腿向東北方邁步前弓；同時右手向後劃弧握拳向前擊出，左手內合握拳弧形向下右回帶至腹前，目視東北前方（圖4－100）。

圖4－99

【要　領】

　　要注意身體的折疊轉換和兩腿的虛實變

圖4－100

化。兩手握拳要鬆空,運動要圓活,上下要協調一致。

第二十六式 翻身懶紮衣

圖4-101

動作一:

承前式,以左足跟為軸,足尖裡扣,腰向右轉至面向西南,右足尖隨身外擺;同時兩手變掌劃弧向下、向上托帶,目視西南前方(圖4-101)。

動作二:

承前式,左足跟蹬地,右腿前弓,重心移於右腿,左腿向前跟步至右足左後方,以足尖點地;同時兩手繼續向前下劃弧攦帶,目視西南前方(圖4-102)。

圖4-102

動作三：

承前式，左腿向前邁步，以足跟著地，足趾上翹；同時兩手內合弧形向上掤帶至胸前，目視左手前方（圖4－103）。

圖4－103

動作四：

承前式，腰向左轉，身體向下鬆沉；同時兩手前撐，弧形向左下後黏帶，目視兩手前方（圖4－104）。

圖4－104

動作五：

承前式，右足跟蹬地，左腿前弓，左足掌落平，重心移於左腿，右足向前跟步至左足右後方，以足尖點地；同時兩手劃弧豎掌外旋向前推出，目視兩手前方（圖4－105）。

【要　領】

翻身時注意虛實變換。身體運動要穩，兩手動作要圓活有趣，開合配合得當，注意功法的鬆沉、折疊、含蓄等，身法不可散亂。

圖4－105

第二十七式　倒攆猴

動作一：

承前式，以左足跟為軸，足尖裡扣，腰向右轉，身體轉向面向正北，左腿向東北方邁步，以足跟著地，足趾上翹；同時右手內合於胸前，左手內合弧形至左額旁，目視右手前方（圖4－106）。

圖4－106

動作二：

承前式，左足跟蹬地，右腿前弓，右足掌落平，身體前移；同時右手弧形向右掤帶至腰平齊，左手豎掌外旋經胸前推出，目視兩手前方（圖4－107）。

圖4－107

動作三：

承前式，身體後移，重心坐於左腿；同時左手劃弧向前、向後黏帶至腹前，手心向上，右手內合內收，經胸前豎掌外旋前推，目視右手前方（圖4－108）。

【要 領】

注意兩手的折疊轉換和兩腿的虛實互變，上下要協調相隨，身法不可散亂。

圖4－108

第二十八式　捌手靠打

動作一：

承前式，身體前移，重心移於右腿，腰向左轉至面向西北；同時，右手內合向左攔帶至面前左側，左手內合向前至右小臂下方，目視右手前方（圖4－109）。

圖4－109

動作二：

承前式，身體後移，腰向右轉，重心坐于左腿，右腿向後撤步，以足尖點地；同時左手劃弧、內合向上撩帶至左額旁，右手劃弧向下至腹前，目視正北方（圖4－110）。

圖4－110

【要　領】

虛實變換以腰為主

宰，兩手的運動要圓活有趣，要注意周身的折疊轉換，身法不可散亂。

第二十九式　掤　式

圖4－111

動作一：

　　承前式，以左足跟為軸，足尖裡扣，身體向左實腿鬆沉；同時兩手內合抱於胸前，左手在上，右手在下，目視東北前方（圖4－111）。

圖4－112

動作二：

　　承前式，左足跟蹬地，右腿向正東邁步前弓，身體前移；同時右手內合弧形向上掤起至胸前，左手外旋弧形向下後攦帶至腹前，目視右手前方（圖4－112）。

【要　領】

掤勁在太極拳術中極為重要，前進、後退、左旋、右轉時掤勁都不可丟。凡是向前上方之勁都為掤，掤勁要保持手臂與胸肩的圓活度，要以腰腿的運動帶動肢體，要注意鬆肩、沉肘、含胸、拔背、尾閭正中等身法。

第三十式　擠　式

動作一：

承前式，腰向右轉，左腿向前跟步至右足左後方，以足尖點地；同時右手外旋向右掤帶，左手內合至腹前，目視兩手前方（圖4－113）。

圖4－113

動作二：

承前式，左腿向東北方邁步落平前弓，身體前移，腰微向左轉，右足向前跟步至左足右後方，以足尖點地；同時，左手內合上掤經胸前擠出，右手外旋豎掌置於小臂內側向前擠出，目視兩手前方（圖4－114）。

【要　領】

擠勁是進攻的一種勁法，是在掤勁的基礎上以前小臂為支點，向正前方擁迫發力之勁，要求做到上下相隨，以身摧手，腳到手到，圓活有趣，身法不可散亂。

圖4－114

第三十一式 攦 式

動作：

承前式，右腿向後撤半步落實，身體後移，重心坐於右腿，左腿微後帶，以足尖點地；同時兩手向後攦帶至胸前，左手在前，右手在後，目視兩手前方（圖4－115）。

【要 領】

攦勁在拳術中順隨走化，為黏制創造條件，用法很廣。攦勁是向回引帶之勁，要求做到以身領手，上下相隨，身法不可散亂。

圖4－115

第三十二式　按　式

動作：

承前式，腰向左轉，身體向下鬆沉，左腿向前邁步前弓；同時兩手外旋向前下方搓按，目視兩手前方（圖4－116）。

【要　領】

按勁是拳術中一種進攻之勁。向前下方之勁，稱為按勁。按勁可控制對方的進攻。以上四種勁法為四正的勁法，可互相配合，變化無窮，又可以進行多種勁法的組合。

圖4－116

第三十三式　彎弓射虎

動作一：

承前式，以左足跟為軸，足尖裡扣，腰向右轉，轉至面向東南；同時兩手向右上方掛帶，目視兩手前方（圖4－117）。

圖4－117

動作二：

承前式，腰向左轉，右腿微向上提帶；同時，兩手弧形向左上方掛帶，目視兩手前方（圖4－118）。

圖4－118

圖4－119

圖4－120

動作三：

承前式，右腿向西南方撤步前弓，腰向右轉；同時兩手經胸前向下右攦帶，目視兩手前方（圖4－119）。

動作四：

承前式，腰向右轉後再向左轉至面向東南；同時兩手繼續向右後劃弧上掤握拳向東南方擊出，左拳在前高不過眼，右拳在右耳旁，成拉弓狀，目視兩手前方（圖4－120）。

【要　領】

兩手向上時，身體要有向下之意，向下時要有向上之意，要以身體帶動四肢，動作要圓活，上下要協調連貫，保持好各條身法。

第三十四式　進步懶紮衣

動作一：

承前式，腰向右轉至面向正南，左腿向前跟步至右足旁，以足尖點地；同時兩拳變掌向右下搌帶至腹前，目視兩手前方（圖4－121）。

圖4－121

動作二：

承前式，左腿向東南方邁步，以足跟著地，足趾上翹；同時兩手內合劃弧向右後向上掤至胸前，目視左手前方（圖4－122）。

圖4－122

動作三：

承前式，右足跟蹬地，左腿前弓，左足掌落地，身體前移；同時兩手豎掌外旋前推，目視兩手前方（圖4－123）。

【要　領】

與第二式懶紮衣相同。

圖4－123

第三十五式　雙峰貫耳

動作一：

承前式，身體後移，重心移至右腿；同時兩手劃弧向下後攬按外開至兩胯旁，目視東南前方（圖4－124）。

動作二：

承前式，右足跟蹬地，左腿前弓，重心移至左腿，右足向前跟步至左足右後方，以足尖點地；同時兩手劃弧握拳向前上方合擊，目視兩手前方（圖4－125）。

圖4－124

【要　領】

兩手下按時，精神有上升之意，兩拳向前合擊時胸腹要有收合之意，上下要協調配合。

圖4－125

第三十六式　退步雙抱捶

動作：

承前式，右腿後撤，重心移至右腿，左腿向後撤步，與右足相齊，重心移至兩腿中間；同時兩手握拳內合回收至兩肩前，拳心向內，目視正南前方（圖4－126）。

【要　領】

實腿要精神貫注，氣向下沉，要做到鬆肩、沉肘、尾閭正中等身法。

圖4－126

第三十七式　收　勢

動作一：

承前式，兩腿慢慢直起；同時兩手由拳變掌外旋向下按至兩胯旁，掌心向下，目視正南前方（圖4－127）。

動作二：

承前式，左腿向右腿併攏落實；同時兩手向下垂於兩胯外側，手心向內，指尖朝下，恢復起勢姿勢，目視正南前方（圖4－128）。

圖4－127

【要　領】

兩手下按時，胸部必須放鬆下沉，身體立起要神不外散，仍須保持各條身法。

圖4－128

附錄一

翟維傳履歷

翟維傳先生 1942 年 1 月 11 日，出生於河北省永年縣廣府鎮。

1953 年，經其祖父介紹從師於武式太極拳第四代傳人李遜之高足魏佩林先生學習傳統武式太極拳。

1955 年，與魏師一起到永年縣職工俱樂部教成年人練武式太極拳。

1956 年，在魏師家中有幸認識其師弟姚繼祖先生，並得到姚先生的指點。

1962 年，為了進一步學習太極拳，開始跟隨姚繼祖先生系統學習武式太極拳、械、推手等。

1967 年，開始寫練太極拳心得體會，並經常得到恩師的理論指導。如《太極拳七字要訣》及《太極陰陽之變化》等多篇論文就是在恩師的多次批改後完成的。

1982 年，與師兄弟四人舉行隆重拜師儀式，正式成為武式太極拳第四代傳人姚繼祖先生首批弟子。

1983 年，與師兄競成，師弟鳳鳴、振山合作創作《太極拳頌》，當年在《武林》雜誌第 11 期刊載，在全國反響強烈，來人來信求學者極多。這也是翟先生文字創作的開始。

1984 年，陪同恩師姚繼祖參加在湖北武漢召開的「中國武漢國際太極拳・劍表演觀摩會」，並和姚師表演了推手。恩師作為武式太極拳代表人物被評為全國太極拳十三名家之一。

1985 年，考取邯鄲地區太極拳拳師證書。

1986 年，在姚師指定下，任永年廣府文化站太極拳小組組長，接待外來人員，組織表演活動、教學等。

1987 年，任邯鄲地區太極拳研究會理事。

1987 年，接見全日本太極拳協會訪華團，參加表演活動。

1991 年 5 月，參加第一屆河北永年國際太極拳聯誼會，任武式太極拳牽頭人，千人表演隊伍教練，參加各項表演活動。論文《論陰陽變化》獲優秀獎並收入《太極名家談真諦》一書中。

1993 年 5 月，參加第二屆河北永年國際太極

拳聯誼會，任千人表演隊伍教練，被大會評為「太極十二新秀」。

1995 年 5 月，參加第三屆河北永年國際太極拳聯誼會，獲傳人代表優秀獎。論文《太極五行虛實之變化》獲優秀論文獎，收入《太極拳論文集》一書中。

1995 年 11 月，受中國武術管理中心，中國武術院邀請，代表永年到北京體育大學參加《武式太極拳競賽套路》一書的編排工作，任編委。

1996 年元月，再次受邀到北京體育大學對《武式太極拳競賽套路》進行審訂。本書已出版，並在全國各地普及推廣該套路。

1996 年 5 月，參加接待以張肇平先生任團長的臺灣太極拳總會訪華團。我方進行了表演並與臺灣同胞相互切磋技藝，過後臺灣以《兩岸太極拳訪問交流紀實》一書對大陸太極拳做系統報導。

1996 年 8 月，應邀參加第四屆中國溫縣國際太極拳年會，任年會副秘書長，參加了名人表演。論文《太極五行虛實之變化》獲優秀獎，收入《溫縣太極拳論文專集》中。

1998 年 8 月，應邀參加第五屆中國溫縣國際太極拳年會，任年會副秘書長，參加名人表演並被大會評為「太極拳名師」。

1998年，應《太極》雜誌社之邀，拍武式太極拳「摟膝拗步」式拳照，在《太極》雜誌第4期封面上登載。

1998年10月，參加紀念鄧小平同志題詞「太極拳好」發表20周年——北京天安門廣場萬人太極拳表演活動，獲紀念獎及表演證書。

1998年10月，參加第五屆河北永年國際太極拳聯誼會，獲武式太極拳比賽第一名，論文獲優秀獎，被大會評為「太極拳大師」。

1998年10月底，應邀參加第三屆武當拳法研討會暨武當杯武術大賽，獲優秀獎證書及獎盃，並被武當拳法研究會聘為顧問。

1998年12月，應邀參加中原內家拳法研究會成立暨「石人山杯」全國武術名家邀請賽，獲優秀獎盃及證書，被聘為中原內家拳法研究會顧問。

1999年2月，由湖北弟子馬則中聯繫，應湖北省羅田縣體育局聘請到羅田縣授拳。

1999年4月，應「大連武當拳法研究會」會長張奇的邀請，一起商討為振興武當的對策，並被大連武當拳法研究會聘為顧問。

1999年5月，在任志需師弟提供方便的情況下，攜弟子到河北正定進行封閉式專業訓練三個多月。

1999 年 9 月，應邀參加河南省舉辦的「九九全國中老年太極拳邀請賽」，獲武式太極拳、劍比賽兩項一等獎。會議期間，結識廣東省江門市太極拳聯誼會會長吳澤明先生，被該會聘為顧問。

1999 年，事蹟被收入新華出版社出版的《中國民間武術家大典》辭書中。

1999 年 10 月，應中國武當拳國際聯誼會的邀請，作為特邀貴賓參加會議，並做名人表演，後到十堰市參加專場名家表演。《論太極拳內涵與修煉》獲優秀論文獎，被收入《武當拳法探微》一書中。

1999 年 11 月，其事蹟被收入《中華魂——中國百業英才大典》辭書中。

2000 年元月，與弟子賈海清開辦永年縣南護駕武式太極拳武校，文武兼修，現有學生達 800 餘人。

2000 年 7 月，被山東荷澤中華武林名人碑園聘為名譽顧問。

2000 年 9 月，應邀參加大連武當拳法研究會舉辦的全國武術名家邀請賽，獲太極拳比賽銀牌獎。《談太極拳黏與走的關係》獲優秀論文獎，並被收入《武當武術論文集》一書中。

2000 年 10 月，應邀參加中國邯鄲太極拳聯誼

大會，獲武式太極拳、劍比賽兩項金牌，並被北美洲武（郝）派太極拳總會聘為海外顧問。

2000年12月，代表永年縣參加國家體育總局在江西上饒舉辦的第三屆武術之鄉武術大賽，獲傳統太極拳比賽二等獎。

2001年10月，參加中國邯鄲國際太極拳交流大會，比賽中獲武式太級拳傳統套路、武式太極拳競賽套路和自選套路三項金牌。

2001年11月，應邀參加中國珠海國際太極拳交流大會，被大會聘為特邀技術顧問，進行了名家表演及拳藝交流。《蓄勁如張弓，發勁似放箭》作為唯一一篇功法論文在大會會刊中刊載。

2002年4月，應邀到四川省成都市授拳講學。

2002年6月，經永年縣文體委批准，成立了永年縣維傳武式太極拳研究會並擔任首任會長，會員百餘人。

2002年8月，應邀組隊參加第二屆焦作國際太極拳交流大會，比賽成績顯著，獲集體最高獎——體育道德風尚獎。

2002年10月，受邀組隊參加中國邯鄲永年太極拳交流大會，代表武式傳人在開幕式上進行名家表演，獲大會「貢獻杯」。隊員獲4金、4銀、2銅的好成績。

2003年3月，受人民體育音像出版社和廣州俏佳人音像公司之邀，率弟子世宗、王濤、世奎、伯民到廣州拍攝《武氏太極拳系列VCD教學光碟》。

2003年7月，《武氏太極拳系列VCD教學光碟》一套（11碟），作為「中華武術展現工程」的組成部分，在海內外上市。

2003年9月，應邀到遼寧省鐵嶺市授拳講學。

2003年10月，創辦「中國永年太極網」（www.yntaiji.com）。

2003年10月，以武式太極拳母式「懶紮衣」式，被《武當》雜誌第10期作為封面登載。

2003年11月，組隊參加在邯鄲舉辦的河北省太極拳展示大會，做名人表演。弟子獲4金6銀、3銅的好成績。

2003年11月15日，經邯鄲市體育局、民政局批准，成立了邯鄲市武式太極拳學會，擔任首任會長，會員達百餘人。

2004年元月，《武式太極拳術》一書由山西科學技術出版社出版。

2004年2月，應第二屆香港國際武術節組委會的邀請，組隊前往香港比賽，參加名人表演。隊員獲8金、2銀的好成績。

2004年2月，邯鄲市武式太極拳學會參加了

在永年廣府舉辦的首屆永年縣廣府太極拳年會，並取得了優異成績。

2004年2月底，應浙江溫州弟子邱永清的邀請，從香港借道溫州，在溫州進行了近30天的講學、傳拳授藝活動，受到溫州人民歡迎。

2004年4月，永年縣維傳武式太極拳研究會20餘人代表永年縣組隊參加在唐山舉辦的河北省太極拳錦標賽，取得了競賽套路1金、1銀，傳統套路第一名4人，第二名5人，第三名5人的優異成績，並獲大會「體育道德風尚獎」。

2004年4月，永年縣太極拳協會成立，任協會副主席。

2004年5月，受邀組隊赴石家莊市參加中日韓民間太極拳交流會暨廉讓堂太極拳研究會成立儀式，參加了名人表演，被研究會聘為顧問。隊員獲紀念獎盃。

2004年5月，邯鄲市太極拳委員會成立，任委員會副主任。

2004年5月15日，組隊參加永年縣太極拳、械比賽。參加名人表演，隊員獲一等獎4人，二等獎4人，三等獎3人，集體獲表演二等獎，集體總分第三名。

2004年5月18日，永年縣魏佩林武式太極拳

功夫研究會成立，被聘為研究會顧問。

2004 年 6 月，應邀參加第三屆中華武術展現工程研討聯誼會暨展現工程宣傳推廣協作體成立大會，當選為大會常務理事。

2004 年 9 月，應邀到遼寧省大連市授拳講學。

2004 年 10 月 5 日，永年縣郝為真太極拳學術研究會成立，被聘為研究會顧問。

2004 年 11 月，在廣東講學期間，被廣東省江門市太極拳聯誼會聘為名譽會長。

2004 年 12 月，在廣東講學期間，被廣東省開平市太極拳聯誼會聘為顧問。

2005 年 2 月，應邀組隊參加第二屆永年廣府太極拳年會，參加名人表演，並被聘為廣府太極拳協會副主任，同時榮獲組織貢獻獎。

2005 年 3 月，應邀到江蘇省金壇市傳拳授藝。

2005 年 5 月 1 日，應陳式太極拳傳人張志俊先生的邀請，到河南鄭州參加張志俊先生六十大壽及收徒儀式，作為收徒見證師，見證此次活動。

2005 年 5 月，應邀參加在正定舉辦的河北省首屆武術文化交流大會，榮獲傳統武術表演優秀獎，並被推選為該會在邯鄲地區的負責人。

2005 年 5 月，被邯鄲市武術協會聘為邯鄲市武術協會榮譽主席。

2005 年 7 月 25 日，應楊式太極拳傳人楊振鐸先生之邀，作為武式太極拳代表到山西太原參加楊振鐸先生八十華誕，各派名家參加了祝壽表演活動，並共同研討太極拳的發展大計。

2005 年 8 月 1 日，應邀參加永年廣府太極武館成立及永年縣太極拳培訓基地成立大會，會上參加了名人表演，中央電視臺第二套節目進行了播放。

2005 年 8 月 7 日，應邀參加山東省煙臺市武術運動協會世秀太極苑成立大會，並被聘為世秀太極苑名譽主任。

2005 年 8 月 20 日，應中國武術協會邀請，參加第三屆中國焦作國際太極拳交流大賽，參加了名家講學及表演，獲中國武術協會頒發的表演證書，並作為武式太極拳傳人代表接受焦作電視臺的專訪。

2005 年 9 月，再次應太極拳愛好者的邀請到江蘇省金壇市授拳講學。

2005 年 10 月，內蒙古呼和浩特維傳武式太極拳研究會成立，受聘為該會名譽會長。

2005 年 10 月，再次應邀到浙江省溫州市授拳講學。

2005 年 10 月 26 日，應邀參加國家有關部門

為永年縣命名「全國太極拳之鄉」「中國太極拳研究中心」掛牌儀式與表演活動。

2005 年 11 月 21 日，應馬來西亞陳式太極拳總會會長李文劍先生的邀請，到馬來西亞檳城、吉隆玻兩地講學授拳，很受馬來西亞人民的歡迎，該國《光明日報》及《星洲日報》以「武式太極拳引進大馬」和「翟維傳發揚武式太極拳」為題，進行了採訪報導。

2005 年 12 月 25 日，再次應廣東省江門市太極拳協會的邀請，到江門市授拳講學。

附錄二

武式太極拳傳承表（一）

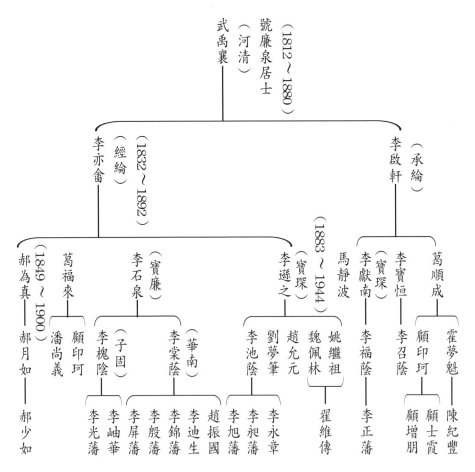

註：武氏各代所傳弟子較多，無法統計，故另表只列第三代
　　宗師郝為真、李遜之所傳系列。望諒解。

武式太極拳傳承表（二）

武式第三代郝為真宗師弟子及再傳弟子

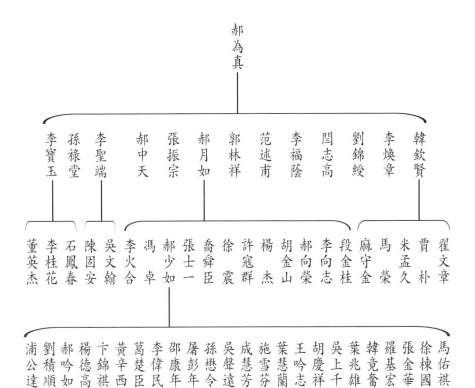

註：武式第六代弟子甚多，本書只列郝少如先生弟子。望諒
解。

武式太極拳傳承表（三）

武式第三代李遜之宗師弟子及再傳弟子

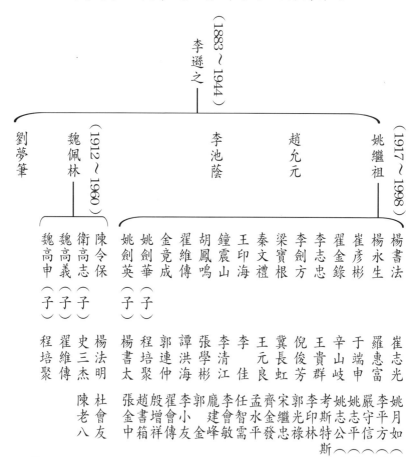

李遜之（1883～1944）

分支（自右至左）：姚繼祖（1917～1998）、趙允元、李池蔭、魏佩林（1912～1960）、劉夢筆

姚繼祖（1917～1998）門下
- 楊書法、楊永生、崔彥彬、翟金錄、李志忠、李劍方、梁寶根、秦寶禮、王印海、鐘震山、胡鳳鳴、翟維傳、金竟成、姚劍華（子）、姚劍英（子）
- 崔志光、羅惠富、于端申、辛山岐、王貴群、倪俊芳、冀長虹、王元良、李佳、李清江、譚洪海、張學彬、郭連仲、程培聚、楊書太
- 李如方（孫女）、姚月如、嚴守信（孫婿）、姚志平、姚志公（孫婿）、李斯特斯（孫希臘）、考印祿、李繼忠、郭光發、宋水平、齊智需、孟建敏、任會峰、李小友、郭小友、龐建友、翟會傳、殷增祥、趙書箱、張金中

魏佩林（1912～1960）門下
- 陳令保、衛高志（子）、魏高義（子）、魏高申（子）
- 楊法明、史三杰、翟維傳、程培聚
- 杜會友、陳老八

註：武式第五代弟子甚多，本書只載作者老師弟子。望諒解。

武式太極拳傳承表（四）

武式太極拳第五代傳人翟維傳弟子

翟維傳

李龍奎	白荷影	武錫恩	晏志水	王存良	岳江華	郁海	翟寶忠	翟世奎	王濤	王為方	馮志剛	賈海清	翟世宗（子）
吳延強	劉孔賢	羅照乾	張印波	李建新	李勝英	虞伯民	劉用新	宋現彬	馬則中	曹俊合	曹玉民	郝興華	郝國政
劉志學	吳國富	邱永清	秦世峰	李向東	申章喜	賈廣太	任亮	李翹	趙立克	王學文	范峻	胡開明	李軍
張雲春	徐立新	戴協平	王新峰	范紅恩	代金選	張建斌	李文峰	劉德兵	李玉慶	韓永剛	蘇威國	來雲山	王建冰
鐘澄海	鐘建強	梁建君	關慶龍	楊海濤	李冰	趙站波	趙小青	李健	陶江波	崔世榮	杜建洲	吳澤明	梁橋
												孔祥剛	方禮綱

註：武式第六代弟子甚多，本書只載作者老師弟子。望諒解。

導引養生功

張廣德養生著作　每冊定價350元

疏筋壯骨功
定價350元

導引保健功
定價350元

頤身九段錦
定價350元

九九還童功
定價350元

舒心平血功
定價350元

益氣養肺功
定價350元

養生太極扇
定價350元

養生太極棒
定價350元

導引養生形體詩韻
定價350元

四十九式經絡動功
定價350元

輕鬆學武術

二十四式太極拳
定價250元

四十二式太極拳
定價250元

八式十六式太極拳
定價250元

三十二式太極劍
定價250元

四十二式太極劍
定價250元

二十八式木蘭拳
定價250元

三十八式木蘭扇
定價250元

四十八式太極劍
定價250元

簡化太極拳 分解教學二十四式
定價280元

楊式太極拳 競賽套路分解教學四十式
定價330元

太極跤

太極防身術
定價300元

擒拿術
定價280元

中國式摔角
定價350元

彩色圖解太極武術

定價220元

定價220元

定價220元

定價220元

定價350元

定價350元

定價350元

定價350元

定價350元

定價350元

定價350元

定價350元

定價350元

定價220元

定價220元

定價220元

定價350元

定價220元

定價350元

定價350元

定價220元

定價220元

定價220元

養生保健

古今養生保健法 強身健體增加身體免疫力

 醫療養生氣功 定價250元
 中國氣功圖譜 定價250元
 少林醫療氣功精粹 定價250元
 龍形實用氣功 定價220元
 魚戲增視強身氣功 定價220元
 道家玄牝氣功 定價200元
 仙家秘傳袪病功 定價160元

 少林十大健身功 定價180元
 中國自控氣功 定價250元
 醫療防癌氣功 定價250元
 醫療強身氣功 定價250元
 醫療點穴氣功 定價250元
 中國八卦如意功 定價180元
 正宗馬禮堂養氣功 定價420元

 道家秘傳內丹功 定價300元
 三元開慧功 定價250元
 防癌治癌新氣功 定價180元
 藥王與佛家氣功修練 定價200元
 顛倒之術 定價360元
 簡明氣功辭典 定價360元
 八卦三合功 定價230元

 朱砂掌健身養生功 定價250元
 抗老功 定價230元
 意氣按穴排濁自療法 定價250元
 健身袪病小功法 定價200元
 張氏太極混元功 定價250元
 中國少林禪密功 定價200元
 郭林新氣功 定價400元

 太極 定價280元
 原始氣功 定價400元
 開脈太極 定價300元
 養生祛病及入門 定價300元
 太極內功養生法 定價180元
 無極養生氣功 定價200元
 小周天健康法 定價200元

 易筋經 定價350元
 洗髓經 定價400元
 精功易筋經 定價200元
 武當派門七心法氣功 定價280元
 手快健身法 定價200元
 養生導引術 定價180元
 養生長壽功 定價200元

 太極拳內功養生心法 定價280元
 意拳 定價280元
 靜坐要訣 定價200元

健康加油站

 定價200元
 定價180元
 定價200元
 定價200元
 定價200元
 定價200元

 定價200元
 定價200元
 定價200元
 定價200元
 定價180元
 定價180元

定價180元
定價180元
定價180元
定價180元
定價180元
 定價180元

 定價220元
定價180元
 定價180元
 定價200元
 定價180元
 定價200元

 定價180元
 定價180元
 定價200元
 定價200元
 定價200元
 定價200元

 定價200元
 定價350元
 定價280元
 定價230元
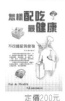 定價200元
 定價180元

 定價350元
 定價180元
 定價200元
 定價200元
 定價180元
 定價300元

健康加油站

定價180元

健康 長壽
定價200元

小智慧 大健康
定價200元

腦中風
復健與護理
定價220元

痔瘡 健康診療
定價200元

揉肚臍 健康法
定價180元

藥膳 健康久久
定價250元

武術武道技術

日本合氣道 健身與情養
定價230元

截擊與刺練
定價500元

泰拳 基礎訓練讀本
定價330元

泰拳 實戰攻防技術
定價280元

李小龍腿功教室
定價280元

跆拳道
定價220元

拳擊 BOXING
定價220元

截拳道入門

截拳道 手擊技法
定價230元

截拳道 腳踢技法
定價230元

截拳道 擒跌技法
定價230元

截拳道 攻防技法
定價230元

截拳道 連環技法
定價230元

截拳道 功夫匯宗
定價230元

體育教材

籃球 運動教程
定價550元

游泳 運動教程
定價400元

板球 基礎教程
定價400元

街舞 運動教程
定價280元

排球 運動教程
定價450元

乒乓球 教學與訓練
定價380元

創意 體育遊戲
定價300元

體育 康復學
定價350元

運動解剖學
定價350元

老拳譜新編

吳鑑泉氏的太極拳　太極拳全書　拳經　新太極拳書　新太極劍書

太極拳圖說太極劍圖說　增演易筋洗髓內功圖說（增訂本）　陳氏太極拳圖說　太極拳發圖解　太極拳術的理論與實際

太極正宗　太極蘊真　張三丰內功煉身秘訣　藥功真傳秘抄

武　學　釋　典

顧留馨太極拳研究　太極密碼中國人的修養功夫　太極拳今論　意拳正軌　二十四品象氣訣

汪永泉楊建侯太極拳語錄及拳照　太極拳的力學原理　太極拳理論之源《易經》通俗解　太極拳理傳真　太極拳內功與解詳解

內家拳武術探微

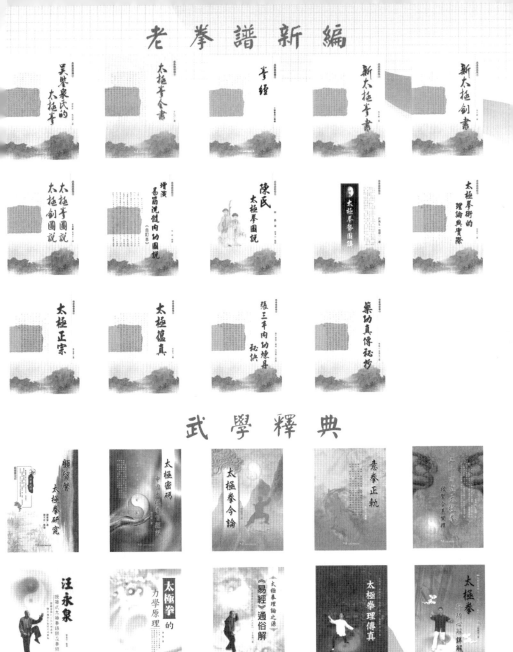

運動精進叢書

定價200元

定價180元

定價180元

定價180元

定價220元

定價220元

定價230元

定價230元

定價230元

定價220元

定價230元

定價220元

定價220元

定價300元

定價280元

定價330元

定價230元

定價300元

定價230元

定價280元

定價350元

定價280元

定價280元

定價250元

定價220元

快樂健美站

定價280元

定價280元

定價280元

定價220元

定價280元

定價280元

定價280元

定價280元

定價280元

定價280元

定價280元

定價280元

定價240元

定價240元

定價200元

定價180元

定價280元

定價280元

定價180元

定價200元

定價280元

定價280元

定價280元

定價250元

定價350元

定價350元

太極武術教學光碟

太極功夫扇
五十二式太極扇
演示：李德印 等
(2VCD)中國

夕陽美太極功夫扇
五十六式太極扇
演示：李德印 等
(2VCD)中國

陳氏太極拳及其技擊法
演示：馬虹(10VCD)中國
陳氏太極拳勁道釋秘
拆拳講勁
演示：馬虹(8DVD)中國
推手技巧及功力訓練
演示：馬虹(4VCD)中國

陳氏太極拳新架一路
演示：陳正雷(1DVD)中國
陳氏太極拳新架二路
演示：陳正雷(1DVD)中國
陳氏太極拳老架一路
演示：陳正雷(1DVD)中國
陳氏太極拳老架二路
演示：陳正雷(1DVD)中國
陳氏太極推手
演示：陳正雷(1DVD)中國
陳氏太極單刀・雙刀
演示：陳正雷(1DVD)中國

郭林新氣功
(8DVD)中國

本公司還有其他武術光碟
歡迎來電詢問或至網站查詢
電話：02-28236031
網址：www.dah-jaan.com.tw

原版教學光碟

歡迎至本公司購買書籍

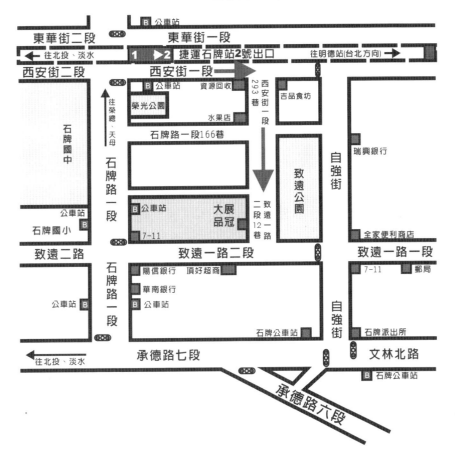

建議路線

1. 搭乘捷運‧公車

　　淡水線石牌站下車，由石牌捷運站２號出口出站(出站後靠右邊)，沿著捷運高架往台北方向走(往明德站方向)，其街名為西安街，約走100公尺(勿超過紅綠燈)，由西安街一段293巷進來(巷口有一公車站牌，站名為自強街口)，本公司位於致遠公園對面。搭公車者請於石牌站(石牌派出所)下車，走進自強街，遇致遠路口左轉，右手邊第一條巷子即為本社位置。

2. 自行開車或騎車

　　由承德路接石牌路，看到陽信銀行右轉，此條即為致遠一路二段，在遇到自強街(紅綠燈)前的巷子(致遠公園)左轉，即可看到本公司招牌。

國家圖書館出版品預行編目資料

武式太極拳37式／翟維傳　著
　──初版──臺北市，大展，2014〔民103.08〕
　　面；21公分──（武式太極拳；1）
　ISBN 978-986-346-029-9（平裝）
　1. 太極拳
　528.972　　　　　　　　　　　　103011113

武式太極拳37式

著　　者／翟　維　傳
責任編輯／楊　丙　德
發 行 人／蔡　森　明
出 版 者／大展出版社有限公司
社　　址／台北市北投區（石牌）致遠一路2段12巷1號
電　　話／(02) 28236031・28236033・28233123
傳　　真／(02) 28272069
郵政劃撥／01669551
網　　址／www.dah-jaan.com.tw
E-mail／service@dah-jaan.com.tw
登 記 證／局版臺業字第2171號
承 印 者／傳興印刷有限公司
裝　　訂／承安裝訂有限公司
排 版 者／千兵企業有限公司
授 權 者／山西科學技術出版社
初版1刷／2014年（民103年）8月

定　　價／200元

大展好書　好書大展
品嘗好書　冠群可期